Allitera Verlag

Michael Groissmeier, geboren 1935 in München, Lyriker und Erzähler, lebt in Dachau. Für sein literarisches Werk wurde er mehrfach ausgezeichnet, u. a. mit der Bürgermedaille der Großen Kreisstadt Dachau, der Ehrengabe der Stiftung zur Förderung des Schrifttums, dem Verdienstkreuz am Bande des Verdienstordens der Bundesrepublik Deutschland, dem Bayerischer Poetentaler. Zudem ist er Mitglied der süddeutschen Literatenvereinigung »Die Turmschreiber«. Im Allitera Verlag erschienen »Der Zögling« (Autobiografie), »Im Leuchtkäferlicht« (Haiku), »Suche nach Avalun« (Gedichte), »Garten meiner Kindheit« (Gedichte), »Die Wirklichkeit des Traums« (Gedichte), »Auferstehungslust« (Gedichte) sowie »Die Eiszapfenharfe« (Haiku).

Michael Groißmeier

Leben mit Bäumen

Gedichte und Gedanken

Allitera Verlag

Weitere Informationen über den Verlag und sein Programm unter:
www.allitera.de

Originalausgabe
Mai 2014
Allitera Verlag
Ein Verlag der Buch&media GmbH, München

Umschlaggestaltung unter Verwendung des Bilds »Alter Baum mit Andachtsbild« von Friedrich Gauermann (1807–1862)
Herstellung: BoD – Books on Demand
Printed in Germany · ISBN 978-3-86906-648-6

Für Margit und Andrea

Wer möchte leben ohne den Trost der Bäume!

Günter Eich

Gebrauchsgegenstände

Einmal war sie ein Baum,
die Türschwelle,
auf die wir treten,
über sie hinschreiten, achtlos,
hinein in einen Raum,
Wohnzimmer genannt.
Was soll da schon wohnlich sein:
ein hölzerner Tisch,
vier hölzerne Stühle,
eine Liege aus Holz,
der Fußboden, die Zimmerdecke,
alles aus Holz!
Wir leben mit diesen Gegenständen,
gebrauchen sie zu unserem Nutzen,
sie, die einmal beseelt waren
vom Atem der Bäume.
Wie totenstill sie sind,
die Gegenstände aus Holz!

Das Schaukelpferd

Das Kind wird es zuschanden reiten,
sein Schaukelpferd,
Im Ofen wird es enden,
ein niedliches Feuer ergeben,
in welches das Kind blickt,
erstaunt über die züngelnden Flammen,
und wie schnell sie es fressen,
sein hölzernes Pferdchen.

Im Schreibzimmer

Tisch, Stuhl, Schrank, Bett,
alle aus achtbarem Holz.
Sogar die Bücher,
schön aneinandergereiht im Regal,
aus verarbeitetem Holz.
So befinde ich mich
stets in Gesellschaft
mit den gestorbenen,
in Bücher verwandelten Bäumen,
spüre ihre Seelen auf jeder Seite,
höre sie atmen aus jeder Zeile.

Mein Schreibtisch

Mein Schreibtisch,
aus uraltem Eichenholz,
naturbelassen,
ist mein zuverlässiger Freund.
Geduldig trägt er meine Handgelenke,
die ich ihm auflege beim Schreiben.
Manchmal scheint es mir,
er flüstere mir ein,
was mir selber nicht in den Sinn
kommen will: Verse über in seinen
Jahresringen Eingeschlossenes.

Beim Lesen

Das Regal voller Bücher.
Lauter Antiquariatsstücke,
viele aus vergangenen Zeiten,
zerlesen, vergilbt,
vom Wurm zerfressen.
Schlage ich eines auf,
weht mich Weisheit an,
niemals veraltende
Weisheit der Dichter,
Weisheit der Bäume,
die mir entgegenatmet
aus ihrem zu Papier
verarbeiteten Holz.

Der Redigent

Er nennt die Bäume seine Freunde,
hebt sie hervor aus dem Kreis
seiner Bekannten, Nachbarn,
Dienstleister, auch aus dem Kreis
der Verfasser von Manuskripten,
die er zu redigieren hat;
denn nur wenige von diesen
teilen seine Liebe zu den Bäumen,
befassen sich mit Alltäglichkeiten
und verraten ihre Unkenntnis
vom freundlichen Wesen der Bäume.

Im Mondlicht

Seltsame Zeichen
werfen die Zweige des Baums
vor dem Fenster
an die Zimmerwand.
Ich deute sie als Schriftzeichen,
als Ausdruck einer Sprache,
die ich nie erlernt habe,
und die ich erst
zu sprechen lernen werde,
wenn ich für immer
verstummt bin.

Unverständlich

Ich versuche, ihnen nachzusprechen,
den Blätterzungen der Pappeln,
die Unverständliches flüstern.
Ebenso unverständlich muß bleiben,
was meine Zunge nachplappert.
Alles, ach, endet im Unverständlichen –
bis es verständlich wird
unter der Erde!

Die einheitliche Sprache der Bäume

Die meisten Menschen
hören den Bäumen nicht zu,
wenn diese sprechen.
Wenige nur bewundern
die Beredsamkeit der Bäume,
ihre Beredtheit,
nehmen wahr,
wie verschiedenartige Bäume
eine einheitliche Sprache sprechen,
unaufgeregt, friedsam,
wie es unseresgleichen
nicht gegeben ist.

Die Predigten und Weissagungen des Laubs

Der Frost hat den Bäumen
die Blätter geraubt,
Zungen, mit denen sie,
belebt vom Atem des Winds,
gepredigt und geweissagt haben,
unverständlich unseren tauben Ohren,
doch verständlich den Bewohnern des Baums,
den wißbegierigen Vögeln,
die nachzusingen versuchten
die Predigten und Weissagungen des Laubs.

Wie wir sprächen

Hinge uns statt der
Plapperzunge
ein Lindenblatt im Mund,
vielleicht sprächen wir dann
so sanft wie die Linde
und stets im Einklang
mit ihren abertausend Blätterzungen,
die niemals laut reden,
niemals verletzen,
ehrabschneiden!

Versuche es!

Leicht ist es,
mit dem Laub zu reden.
Aber versuche es,
mit ihm zu schweigen
bei Windstille!

Lerne zu schweigen!

Höre ihnen zu,
den schweigenden Bäumen
und lerne von ihnen
zu schweigen!
Lerne vom Laub,
das zu schweigen versteht
und zu warten auf Wind!
Der bringt es zum Sprechen,
leise und weise!

Bei Windstille

Jetzt sprechen die Bäume
schweigend zu uns.
Ihr Schweigen ist beredter
als jedes gesprochene
Wort des Laubs,
wenn Wind es bewegt.

Windstille

Das Rauschen der Baumwipfel bei Wind,
unser Ohr hat sich daran gewöhnt.
Aber wenn der Wind abebbt,
das Laub aufhört zu rauschen,
Windstille eintritt,
horchen wir auf,
warten wir auf ein Geräusch,
und wenn es nur das Bellen
eines Hundes ist,
um uns zu vergewissern,
daß wir nicht allein sind
in dieser atemlosen Stille.

Die Platanen

Die Platanen auf der Freiterrasse
des Gartenrestaurants,
die den Menschen an den Tischen
Schatten spenden,
lassen sich nicht ablenken
von dem Geplauder der Gäste,
und auch nicht von dem Geplätscher
des Springbrunnens im nahen Park.
Sie sind in Gespräche vertieft,
die sie mit dem Lufthauch führen,
und die als leises Säuseln
an die Ohren der Menschen dringen,
kaum wahrgenommen, unverstanden.

Die Weidenflöte

Aus einem Weidenzweig
schneide ich mir eine Flöte,
nicht um mit Apollon
in einen Wettstreit zu treten,
bloß zu meinem Vergnügen,
muß auch nicht
um meine Haut bangen,
muß nicht fürchten,
von dem erzürnten Gott
an einer Kiefer aufgehängt zu werden.
Ich trage meine Haut
auf andere Weise zu Markt –
wenn sie sich einfärbt:
schwarz.
Gott sei Dank!
habe ich meine Weidenflöte,
darauf zu pfeifen!

Beim Anblick einer Kiefer

Sehe ich eine Kiefer,
muß ich an Marsyas denken,
den Apollon an einer solchen
aufhängen ließ,
nicht ohne vorher befohlen zu haben,
ihm die Haut abzuziehen.
Einziges Vergehen des Marsyas:
mit seinem Flötenspiel
den göttlichen Kitharaspieler
zum Wettkampf herausgefordert zu haben,
den er verlor.
Flöte gegen Kithara,
sogar dies kann tödlich enden!

Das Weibliche

Um sich Apollons Liebeswerben
zu entziehn,
hat sich Daphne
in einen Lorbeerbaum verwandelt.
Darum also liebe ich
Bäume am meisten,
liebe ich das Weibliche
in ihrem Wesen,
das ich fühle,
wenn ich sie umarme.

Der Jubel der Bäume

Als Jakob Stainer und Matthias Klotz
ihre Geigen aus Fichte und Ahorn fertigten,
müssen sie den Jubel der Bäume gehört haben
über ihr Leben in Freiheit
zuhöchst auf den Bergen,
müssen sie ihn eingefangen haben
in ihre Geigen,
die seitdem stets aufs neue
der Hand des Künstlers harren,
damit sie den Jubel der Bäume
befreie aus der Gefangenschaft des Holzes,
ihn den Menschen hörbar mache
zu ihrem Wohlgefallen.

Wenn ich Baum wäre

Wenn ich Baum wäre,
wäre es mir lieb,
wenn man aus meinem Holz
eine Violine fertigte,
die, in eine behutsame
Künstlerhand gelegt,
noch nach meinem
Tod als Baum
all das zum Tönen bringt,
was mich Zeit meines Lebens
bewegt hat: Freude,
Freude am Sein,
am Lobpreisen des Laubs,
seiner Weissagungen.
Da ich aber kein Baum bin,
wird mein toter Körper
zu Staub zerfallen,
zu taubstummem Staub!

Auferstanden

Der schnöd gefällte Baum,
in meiner Geige
ist er auferstanden.
Die Gesänge der Vögel
zu seinen Lebzeiten im Wipfel,
ich bringe sie wieder zum Tönen,
wenn ich über die Saiten streiche,
und ich fühle beim Geigen,
daß auch ich auferstanden bin,
der ich so lange
in den Jahresringen des Baums
verstorben war.

Auf eine neue Art und Weise

Hat Ottorino Respighi,
als er sein Orchesterstück
»I Pini di Roma« schrieb,
es den Pinien abgelauscht,
oder hat er vorausgehört,
wie sie rauschen werden
in künftigen Jahrtausenden
auf eine neue, jetzt noch nicht
vorstellbare Art und Weise?

Als Ehrengast in Rom
im Park der Villa Massimo

Unter nadelstarrenden Pinien,
auf einem unbequemen Stuhl
aus Drahtgeflecht sitzend,
unfähig, ein Buch zu lesen,
in Apathie verfallend
im sengenden Saharawind,
sinne ich der Schattenkühle
nördlicher Kastaniengärten nach.
Aber ich muß durchhalten,
muß mich quälen der Ehre halber,
die man mir aufgebürdet hat.

Pini di Roma

Die Pinien im Park der Villa Massimo
weigerten sich, mit mir
Freundschaft zu schließen.
Sie geizten mit ihrem Schatten,
suchten mich mit dem unaufhörlichen
Wetzen der Zikaden in ihren Wipfeln
zu vertreiben, mich, den Fremdling
aus dem Norden, den Barbaren,
den Kulturlosen, traktierten mich
mit Nadelstichen, wiesen ihren willigen
Vasallen, den numidischen Wüstenwind, an,
mir mit seiner Glut den letzten Atem zu rauben.

Einen Baum malen

Einen Baum malen,
so malen,
daß man ihn atmen hört,
wenn ein Windhauch
seine Blätter bewegt,
daß man hört,
wie sie anheben zu reden,
verstummen
vor betrachtenden Augen.

Krüppelkiefer

Caspar David Friedrich
hat sie gemalt,
die Kiefer
mit ihrem vom Sturm
zum Meer hingebogenen Wipfel.
Aber der Stamm steht aufrecht.
Ich sehe dem Baum
seinen starken Willen an,
sich der Gewalt des Sturms
nicht gänzlich zu beugen,
es eher in Kauf zu nehmen,
von ihm zerschmettert zu werden.

Sterben

Ich möchte nicht
unter Palmen sterben
wie Gauguin,
und auch nicht allein
wie er –
schon eher unter einer
deutschen Eiche
und im Beisein anderer
vertrauter Bäume,
die mir Trostworte
zuflüstern, und die mir
die Augen schließen
mit Laubhänden!

Die Hand hinter der Hand

Wie an die Wand gemalt Laubschatten,
ein Bild, stets in Bewegung bei Wind.
Ich könnte dem Maler nachsinnen,
der solches vollbringt.
Aber bald stellte sich Ernüchterung ein.
Um mich abzulenken, betrachte ich
einen Holzschnitt von Hokusai,
die kunstvollen Lichtspiele des Laubs
an einer weißgekalkten Gartenmauer,
und ich ahne in der Unbewegtheit
des Bilds die Bewegung,
die Hand hinter der Hand des Meisters.

Abgefallene Akazienblüten

Kommt es den Fußgängern,
die achtlos über die auf den Weg
gefallenen Akazienblüten gehn,
nicht in den Sinn,
auf die andere Seite zu wechseln,
um das Bild nicht zu zerstören,
das uns die Natur vor Augen führt,
wie es keinem Maler besser gelänge?

Das Geschenk

Die Luft ist durchweht
von Birkenpollen.
Oh dieses verflixte,
die Schleimhäute
reizende Gelb!
Man kommt nicht aus dem
Niesen, Husten.
Die Augen tränen,
die Atemwege verengen sich.
Ach, Atem haben,
genügend Atem,
um zu überleben!
Atem, welch ein Geschenk,
was für ein von uns
für selbstverständlich
hingenommenes Geschenk!

Die Kastanien blühn

Günter Eich

Die Kastanien blühn.
Ich nehme es nicht nur zur Kenntnis,
sondern ich äußere mich auch dazu,
lasse alle Vorsicht außer acht!
Ich finde blühende Kastanien schön,
ihre flammenden Kerzen!
Mögen mich diejenigen steinigen,
die Zündkerzen schöner finden!
Ich liebe Kastanienkerzen!
Sie verrußen nicht!

Die Bienen

Die Bienen in den blühenden Birnbäumen,
was wissen sie von der Zeit,
von ihrem Vergehen?
Sie kennen nur ihre Arbeit:
Blütenstaub zu sammeln,
ihn im Bienstock
in die Wabenzellen zu stopfen,
um mit dem mit Honig vermischten
ihre Brut zu nähren.
Was wissen die Bienen vom Imker,
überhaupt vom Menschen,
der ihren Stachel fürchtet,
sich vermißt,
den Tod zu verhöhnen:
»Tod, wo ist dein Stachel?«
Vielleicht wissen die Bienen
mehr vom Tod als die Menschen,
und daß es zwecklos ist,
wider den Stachel zu löcken.

Eine Handvoll Kirschen

Früher brauchte ich keine Leiter,
um an die Kirschen zu gelangen.
Als Kind war ich ein Kletterkünstler.
Davon ist mir nichts mehr verblieben.
Heute besteige ich die Leiter
stets in der Angst,
es könne eine Sprosse brechen
oder mein Fuß eine verfehlen,
so daß ich vorzeitig
in die ewige Seligkeit stürzte,
hinüberrettend nicht einmal
eine Handvoll Kirschen.

Renekloden

Der Renekloden-Baum,
von uns »Ringlo-Baam« genannt,
war der Freund meiner Kindheit.
Er beschenkte mich mit Früchten,
deren Geschmack ich noch heute
beglückend am Gaumen spüre.
Aber längst ist er umgehaun,
der Renekloden-Baum.
An seiner Statt
befindet sich jetzt
unser Freisitz.
An Juliabenden,
unter aufglimmenden Sternen sitzend,
erscheinen sie mir
wie silbern angehauchte
paradiesische Früchte,
erinnernd mich
an die Renekloden
meiner Kindheit.

Im Apfelgarten

Er wünschte sich,
statt seines Herzens,
das ihn allmählich
zu Tode schlägt,
hinge ein Apfel
in seiner Brust.
Doch müßte er nicht trotzdem
Angst haben vor der Wespe,
die seinen Herzapfel aussaugt,
nur mehr die Schale,
die Hülle übrigläßt!

Abgefallene Äpfel

Im Blätterschatten des Apfelbaums
meine ich ein Gesicht zu erkennen,
das schnell verblaßt,
wenn sich die Sonne
hinter eine Wolke zurückzieht.
Aber die Augen bleiben,
zwei abgefallene Äpfel,
diese grünen,
alles durchschauenden Augen!

Zwecklos

Als er den Apfel,
zuhöchst im Geäst,
greifen wollte,
stürzte er von der Leiter
und brach sich das Genick.
Haben der Apfel,
der Baum
eine Regung verspürt?
Darüber nachzusinnen,
ist zwecklos.
Es ist zwecklos,
nachzusinnen über die
von uns Menschen behauptete
Gleichgültigkeit der Natur,
da wir uns nicht einfühlen können
in Wesenheiten, die nicht
unserer Art sind.

Vom Krebs befallen

Der Baum,
vom Krebs befallen,
weiß er,
er werde nicht daran sterben,
wohl aber durch die Axt,
die man an ihn legt,
um zu beseitigen
das Kranke,
nicht Artgerechte?

Warnung

Tritt nicht ein
in den Schatten,
du könntest auf einen
Körperschatten treten,
der sich in ihn geflüchtet hat,
könntest ein Herz zertreten,
das im Schatten
gerade zu schlagen beginnt!

Sommernachmittag

Ich sehe sie im Schatten
des Walnußbaums sitzen,
schweigend oder behutsam
die Worte wägend,
wie sie ohne Hast
das Glas Wein
zu Munde führen,
einer Wespe wehren,
die sich niederlassen will
auf das Stück Pflaumenkuchen
vor ihnen auf dem Tisch,
ich sehe sie deutlich
neben mir auf den
leeren Stühlen sitzen,
meine längst Gestorbenen,
mich anblickend
mit schmerzlosen Augen.

Um in Erfahrung zu bringen

Das Schattengitter des Baums
hält mich gefangen.
Mit welcher Berechtigung?,
frage ich mich.
Aber habe ich mich nicht selber
in das Schattengefängnis begeben,
um in Erfahrung zu bringen,
wie es sich anfühlt, später,
wenn mich die Erde,
die unerbittliche Erde,
gefangenhält tief unten
in ihrem Verlies?

Sitzen im gefleckten Schatten

Karl Krolow

Sitzen unterm Baum,
im gefleckten Schatten.
Im Spiel von Licht
und windbewegtem Laub
sind wir zu schön gefleckten
Tieren geworden,
haben deren Wesen angenommen,
sind für eine Weile
eins geworden
mit Wesenheiten,
mit denen wir vor Urzeit
in Bruderschaft lebten.

Liegen im Schatten eines Baums

Liegen im Schatten eines Baums,
an dem die Mirabellen reif werden.
Wir hören die Wespen summen,
die den Saft der Früchte saugen,
sich Süße antrinken,
an die sie sich nicht erinnern werden
am Ende ihres kurzen Lebens –
so wie wir uns nicht erinnern
an Glücksmomente,
nur an die endlos dunklen Stunden
in unserem Leben.

Undurchdringlich

Der Schatten des Baums an der Mauer.
Ich möchte wissen,
was sich dahinter verbirgt,
was sich zwischen Schatten und Mauer verbirgt.
Aber undurchdringlich der Schatten!
Ich möchte wissen,
was sich zwischen Diesseits und Jenseits verbirgt.
Aber nur Schatten,
undurchdringlicher Schatten!

Bruder Walnussbaum

Mein Haus, von Bäumen umstanden,
Ahorn, Birke, Buche,
nicht allzu nah,
so daß die Zweige
nicht durchs offne Fenster greifen,
mir in mein Schreiben pfuschen.
Etwas weiter entfernt,
in einer Ecke des Gartens,
der bald neunzigjährige Walnußbaum,
ein Jahrzehnt älter als ich,
von Kindheit an habe ich ihn
als Bruder betrachtet,
ihm meine Gedanken anvertraut,
freudige, traurige,
und immer hat er mir zugehört,
mit Blätterzungen Trostworte gesprochen.
Ich hoffe, er werde mich überleben,
den Nachfahren ebenso Bruder sein
wie mir Zeit meines Lebens.

Der Walnussbaum

Der Walnußbaum,
den mein Vater gepflanzt hat,
hat ihn längst überlebt.
Er wird auch mich überleben,
meine Nachkommen –
sofern sie Ehrfurcht haben
vor ihm,
nachfühlen können,
wieviel Freuden, Leiden,
Ängste der Vorfahren
mit eingeschlossen sind
in den Jahresringen.

Der Uneinsichtige

Immer wieder betrachte ich
den Walnußbaum,
und stets erscheint er mir
in anderer Gestalt,
diesmal, der fast Neunzigjährige,
als frühlingshaft junger
mit lebfrischen Laubzungen,
fröhlich flirrenden im Wind,
uneinsichtig des unweigerlich
eintretenden Welkens
seiner Blätter im Herbst,
ihres Gilbens, Verstummens,
ergebenen Fallens.

Nach dem Sturm

Nach dem Sturm
ist der Garten übersät
mit abgebrochenen Ästen,
und mancher Baum
liegt zerschmettert im Gras,
Wie ähnlich wir Menschen
den Bäumen doch sind:
Als Kinder hüpfen wir
auf einem Bein,
laufen später
als Einarmige
durchs Leben,
liegen am Ende,
gefällt vom Herzinfarkt,
am Boden!

Die grüne Stadt

Wir sind eine grüne Stadt,
rühmen die Bewohner,
in unseren Gärten und Parks
steht eine Vielzahl von edlen Bäumen,
und auch unsere Straßen und Plätze
säumen schattenspendende Bäume.
Die Mitarbeiter der städtischen Gärtnerei
sind unermüdlich damit beschäftigt,
neue Bäume zu pflanzen,
alte, morsche zu beseitigen,
aber auch dem Wildwuchs zu wehren,
damit die Bäume nicht in den Himmel wachsen,
die Sicht nicht behindern auf Banken,
Fabriken und Supermärkte.

Beim Spazierengehen

Oft, wenn ich außer Atem geraten bin,
verhalte ich meinen Schritt,
lehne ich mich an einen Baumstamm,
und ich spüre im Rücken
ein Pulsieren, von dem ich nicht weiß,
ist es das Zirkulieren meines Bluts,
oder ist es der Saft, der aus den
Wurzeln des Baums den Stamm hinaufsteigt?
Mit einem Mal geht mir die Bruderschaft auf,
die alle Wesen der Erde seit Urzeit
unauflöslich miteinander verbindet.

Das Salomonssiegel

Unter der Fichte
versiegelt das Salomonssiegel
den Boden.
Soll nicht heraufdringen
an die Oberfläche
das Schweigen der Baumwurzeln?
Soll nicht hinabdringen
mein Schritt
zu den Wurzeln?
Sollen sie nicht einsaugen
den Menschenlaut,
ihn nicht hinaufleiten
durch den Stamm
ins Gezweig,
in das Laub,
damit sie nicht weiterwandern,
ruhlos, meine Schritte,
im Wipfel des Baums?

Fünfhundertjährige Eiche

Mit welchen Gefühlen
mag die fünfhundertjährige Eiche
– ja, auch Bäume sind fühlende Wesen! –
auf mich herabblicken,
auf mich, den fast Achtzigjährigen?
In ihren Augen
muß ich ein Jüngling sein,
in der Blüte des Lebens,
die wie »ein leichter Traum« verweht,
niemals reifen darf zur Frucht.

Die tausendjährige Eiche von Eisolzried

Fast ehrfürchtig blicke ich auf
zur tausendjährigen Eiche
von Eisolzried,
und ich sehe Absalom hängen,
verfangen im Geäst mit seinem
dichten, wallenden Haupthaar,
sehe ihn immer noch hängen
nach tausenden von Jahren,
während sein unter ihm
weggelaufenes Maultier
friedlich weidet
am Rand der Straße
nach Dachau.

Dorfkirche

Der Heilige aus Holz,
zu dem die Beterin aufschaut,
ihm ihre Beschwernisse anvertraut,
ihn bittet um Beistand
in einer sie bedrängenden Lage,
blickt nur traurig auf sie herunter –
ob aus Mitleid mit der Bittstellerin
oder wegen seiner eigenen Hilflosigkeit,
vielleicht auch bedauernd,
nur dürres, übermaltes Holz zu sein,
das keine Knospen mehr treibt,
keine Wunder vollbringt.

Torfstich

Als Kind dachte ich nicht
an die im Waldmoor versunkenen,
zu Torf gewordenen Erlen und Birken.
Ich sammelte hingegen im Torfgraben
die leeren weißen Schneckenhäuser,
an denen ich horchte und das Meer
rauschen hörte – in meiner Einbildung,
während mein Vater, schnaufend und
schwitzend den Torf stach.
Aber am Abend, als wir am Ofen saßen,
die vom Torf genährten Flammen prasselten,
sagte mein Vater zu mir:
Hörst du sie nicht jammern, die Bäume?

Der Kinderdrachen

Ein Kinderdrachen hat sich
im Baumgeäst verfangen
und webert im Wind.
Das Kind ist längst heimgegangen,
zu hoch der Baum,
um hinaufzusteigen.
Der Wind versucht,
den Drachen loszureißen.
Aber der Baum hält ihn fest
mit seinen Zweigen,
als Pfand für das treulos
abfallende Laub –
bis auch der Wind
die Geduld verliert
und sich trollt.

Im Dachauer Hofgarten

Unter uralten Bäumen,
verborgen hinter Eibengebüsch,
das von Kindern gefürchtete,
halb verfallene »Hexenhaus«,
in dem nicht einmal Maler,
die früher am Ort ständig
auf Ateliersuche waren,
Quartier nehmen mochten.
Ich komme ins Sinnieren
und messe der Hütte Unheil zu,
das von ihr ausgeht,
auf mich überspringt.
Wenn der Gartenverwalter
bei Anbruch der Dunkelheit
hinter mir, dem letzten
der Spaziergänger,
das Gittertor schließt,
atme ich auf,
froh darüber,
meinen Gedanken,
mir selber
entkommen zu sein,
wenigstens für heute.

Im Nymphenburger Park

Der Gingko-Baum,
jahrhundertealt,
von adeliger Würde,
blickt auf mich herab,
den jungen Gymnasiasten,
der, Homer lesend,
sich in seinem Schatten ergeht.
Oh ließe er sich doch herab,
mir eines seiner Blätter
zu schenken
– so wie es Georg von der Vring
sich gewünscht hat –,
das mich hinaufhöb in die Lüfte
»an der Tauben Statt«,
mich niederließe
an der Phäaken Strand,
Nausikaa zu begegnen!

Zeit, abzulesen an den Baumwipfeln

In welche Richtung die Zeit verschwindet,
ist an den Baumwipfeln abzulesen,
wenn Wind sie nach Ost biegt,
nach West, Süd oder Nord.
Sie führen mich in die Irre,
die wechselnden Richtungen.
Ich komme zu dem Schluß,
daß die Zeit mit dem Regen
in den Boden sickert,
um dort Wurzel zu fassen,
mit dem Wasser in die Wipfel steigt,
verwandelt in Saft, der die Knospen
zum Schwellen bringt, zum Aufbrechen.
Schließlich stelle ich mir vor,
die Zeit werde sichtbar
im sich entrollenden Laub,
in den sich entfaltenden Blüten,
im Reifen der Früchte.

Der summende Baum

In einer verlassenen Spechthöhle
hat ein Wildbienenschwarm
seine Behausung gefunden.
Nun scheint der Baum zu summen,
von innen heraus,
und alles, was sich angesammelt hat
in den Jahresringen
an Fröhlichkeit und Freude am Sein,
scheint nach außen zu drängen,
seinen Ausdruck zu finden
im Summen des Baums.

Der Baum, ein liebenswertes Wesen

Einer hat dem Baum
ein Herz in den Stamm geschnitten,
ein Rohling, der zu lieben vermeint,
aber dem Baum Schmerzen zufügt,
so daß dieser aus seiner herzförmigen
Wunde Harz blutet, still leidend.
Hätte dieser Eine doch eher
seine Geliebte umarmt,
oder noch besser: den Baum,
dann hätte er an dessen Rinde
ertasten können, daß auch der Baum
ein fühlendes, liebenswertes Wesen ist,
das schweigend zu trösten vermag
wie selten einer unseresgleichen.

Den Baum umarmen

Den Baum umarmen,
fühlen, welch starkes
Rückgrat er hat –
im Gegensatz zum menschlichen Körper,
dem verbiegsamen.

Die Bäume

Hat man jemals gehört,
daß Zwietracht herrsche
unter den Bäumen?
Einhellig ihr Reden
mit Blätterzungen!
Ohne Arg tauschen sie
ihre Gedanken
untereinander aus –
denn warum sollen sie
nicht denken,
die Bäume,
die uns doch in allem
überlegen sind:
in ihrer Friedfertigkeit,
Duldsamkeit,
in ihrem Gleichmut
beim Sterben!

Die Trauerweide

Die Trauerweide,
in einem ist sie
dem Mensehen ähnlich,
der die Arme hängen läßt,
wenn er trauert.
Weil die Weide
ihre Zweige hängen läßt,
nennen wir sie Trauerweide,
ohne zu wissen,
ob sie wirklich trauert,
übertragen unsere eigene
Trauerhaltung auf die
Haltung ihrer Zweige.

Zeichen der Hoffnung

Der Baum, an dessen Ast
sich einer erhängt hat,
mißbraucht.
Und dennoch bilden sich
an seinen Zweigen Knospen,
sichtbare Zeichen der Hoffnung,
es werde Laub geben
in Hülle und Fülle,
und das Leben ende nicht
mit dem des Erhängten.

Brennender Baum

Vom Blitz entzündet,
brennt der Baum,
eine lodernde Fackel
gen Himmel,
ein Fanal
gegen das Fatum,
sterben zu müssen,
ein Feuerzeichen
der Auflehnung
gegen den Tod,
gegen Asche zu Asche!

Der Baum auf der Anhöhe

Dieser einzige Baum auf der Anhöhe,
fühlt er sich einsam?
Ich möchte kein Einzelgänger sein,
suche Gesellschaft mit Bäumen.
Längst habe ich mich angefreundet
mit dem Baum auf der Anhöhe.
Ich besuche ihn fast täglich,
lasse mich nieder in seinem Schatten,
höre ihm zu, wenn er redet
mit Laubzungen, und wenn ich weggehe,
fühle ich mich gestärkt
für den Umgang mit meinesgleichen.

Freistehender Baum

Von keinem anderen Baum
bedrängt, beengt,
kann sich der freistehende Baum
nach allen Seiten hin ausbreiten.
Aber ist er nicht zu bedauern,
wenn er ausgeschlossen ist
aus der Gemeinschaft der Bäume,
mit seinen Zweigspitzen
niemals andere berühren kann,
um sich zu vergewissern,
daß er nicht allein ist
in dieser windigen Welt!

Leichter Regen

Den dürstenden Bäumen
stillt er nicht den Durst,
der leichte Regen.
Sie harren der Nacht,
sich zu erquicken am Tau der Sterne –
so wie die Seelen
aller fühlenden Wesen.

Nachtruhe der Krähen

In den Baumwipfeln
lassen sich die Krähen
zur Nachtruhe nieder.
Dieses aufgeregte Gekrächze,
bis jede Krähe
ihren Platz gefunden hat!
Dann Stille.
Als hätten sie sich
eine gute Nacht
wünschen wollen,
bevor sie in den Schlaf fielen.
Nun träumen sie
ihre Krähenträume,
aus denen sie nicht
aufgeschreckt werden,
wenn eine von ihnen
tot vom Ast fällt.

Die Sehnsucht der Bäume

Die Sehnsucht der Bäume,
nach ihrem Tod
zur Barke gezimmert zu werden,
der man Segel setzt,
und die der Wind
hinaustreibt in die Lagune,
auf diese Weise
wenigstens im Tod
den Fesseln der Wurzeln zu entfliehn,
der Erde, dieser selbstsüchtigen Erde,
die niemals losläßt von ihrem Besitz.

Dem Gesetz gehorchend

Blatt um Blatt löst sich vom Zweig,
aber schon drängen Knospen nach,
dem Gesetz gehorchend
von Sterben und Wiederkehr,
und auch unsere Auferstehung
führt er uns vor Augen, der Baum,
uns, die wir demselben Gesetz
zu gehorchen haben wie er selber.

Ein Beispiel

Die Fichten dulden
die Last des Schnees
auf ihren Zweigen,
geben uns, die wir uns auflehnen
gegen die geringste Belastung,
ein Beispiel des Duldens.

Nachmittage am Fluss

Am liebsten verbringe ich
die Nachmittage am Fluß,
in Gesellschaft mit Weiden,
die mit mir schweigen
und dem Rauschen des Wassers zuhören.
Wir sind eine verschworene Gemeinschaft,
die Bäume, der Fluß und ich,
die kein fremder Laut
zu stören vermag.
Nicht einmal mein Herz,
das vernehmlich gegen die Rippen schlägt,
bringt mich aus der Betrachtung,
und wenn es stillstünde,
würde ich es bemerken?

Ausgeschlossen

Stets habe ich es bedauert,
ausgeschlossen zu sein
aus der Gemeinschaft
der Uferweide und des Flusses,
ausgeschlossen aus den Gesprächen,
die sie miteinander führten.
Über Nacht hat ein Biber
die Weide gefällt.
Jetzt spricht der Fluß
mit sich selber,
nimmt mich nicht einmal wahr.

Die Pappel am Fluss

Wie muß es der Pappel
am Ufer des Flusses
zumute sein,
die auffliegen möchte
wie Elster und Eichelhäher,
aber festgehalten wird
von der habgierigen Erde!
Nichteinmal ihr Schatten,
der sich im Wasser müht,
sich loszureißen, um fortzukommen,
wird mitgerissen von den Fluten,
damit er dem Meer künde
vom Fernweh der Pappel.

Vergessener Kahn

Im Uferschlick,
verborgen im Schilf,
ein vergessener Kahn.
Vielleicht hat er einmal
Charon gehört,
der seine Gäste
über den Styx ruderte.
Hat er seine Hände
in den Schoß gelegt,
schaut viel lieber
den Heutigen zu,
die sich eigenhändig
um die Ecke bringen?

Treibholz

Einmal war es ein Baum,
das Treibholz.
Wo wird es länden?
Die gleiche Frage
stelle ich mir:
wo wird er landen,
mein Körper?

Unter den Wurzeln einer Uferweide

Das Wurzelwerk einer Weide,
herabhängend vom Ufer des Flusses,
bildet eine Höhle,
in der ich, schwimmend,
Schutz suche vor den Schreien
badender Kinder.
In Gemeinschaft mit Fischen,
die wie ich Schutz suchen,
sich verstecken
vor räuberischen Hechten,
höre ich mich in ihre Stummheit ein,
die ich vergeblich suche
bei unseresgleichen.

Pfahlbauten

Von den Pfahlbauten am Rand des Sees
sind nur noch Reste vorhanden.
Wir stellen uns die Hütten vor,
die vor tausenden von Jahren
auf ihnen errichtet worden sind,
sinnen über ihre Bewohner nach,
über ihre Bedürfnisse,
die sich von den unseren
nicht groß unterschieden haben.
Wieviel an Freude, Leid, Sehnsüchten
untergegangen ist mit den Einbäumen,
in denen sie hinausgerudert sind
in die Mitte des Sees, um zu fischen,
nach Perlen zu tauchen,
niemals werden wir es erfahren,
denn das Wasser ist verschwiegen
und die Münder der Fische,
längst sind sie vermodert.

Holzweg

Ich gehe auf dem Weg
ins immer tiefere Waldesdunkel.
Zu beiden Seiten aufgeschichtet
Holzstapel, die nach Harz duften.
An den Schnittstellen der Stämme
kann ich die Jahresringe zählen.
Auch junge Bäume hat man gefällt.
Um anderen mehr Licht zu verschaffen?
Oder waren es Kümmerlinge,
die des Aufwachsens nicht wert sind?
Ich ziehe Vergleiche zu unseresgleichen.
Befinde ich mich auf dem Holzweg?

Der Waldläufer

Von den Menschen hat er genug.
Aber die Bäume nimmt er
als seinesgleichen an;
denn er selber fühlt sich schon
als wandelnder Baum,
der irgendwann Wurzel schlagen,
seinen Platz finden wird
im Boden.

Beim Pilzesammeln

Der Wald widerhallt
von den Jubelrufen der Kinder,
wenn sie einen Pilz gefunden haben.
Erwachsen geworden, werden sie sich
über Erfolge freuen, die sie erzielen.
Doch werden sie die Erfahrung machen,
daß mancher Erfolg in Wirklichkeit
ein Mißerfolg ist, das Leben
in Wahrheit ein giftiger Fund,
ein vergiftetes Geschenk
einer undurchschaubaren,
unerforschlichen Kraft.

In der Wirrnis des Lebens

Wie Hänsel und Gretel,
die sich im Wald verirrten,
verirren wir uns
in der Wirrnis des Lebens,
und wenn wir vermeinen,
das Glück gefunden zu haben,
sozusagen das Lebkuchenhaus,
so entpuppt sich dieses
als Totenhaus.

Der Schützling

Im Auenwald ein Ring von Baumstämmen:
Palisaden.
Wollen sie den Seidelbast
in ihrer Mitte schützen,
der zu blühen beginnt,
zart und verletzlich?

Waldesstille

Im Wald die Stille,
wir ertragen sie nicht,
ertragen es nicht,
wie sich die Bäume
der Stille hingeben –
im Gegensatz zu uns,
die wir laut reden,
zeitlebens
keine Ruhe finden,
bis wir ihr anheimfallen,
der Totenstille,
gezwungen werden,
sie zu ertragen.

Wenigstens eine Weile

Damit er überlebt,
der Wald,
wenigstens im Wort,
schreibe ich ihn auf.
Damit er wenigstens
eine Weile überlebt,
der Wald,
schreibe ich ihn auf;
denn auch das Wort
ist nicht unsterblich.

Da lob ich mir die Bäume!

Da lob ich mir die Bäume!
Sie verursachen keinen Lärm,
keinen Gestank
wie wir Menschen,
sind friedlich.
Ihr Laub nimmt unseren Dreck auf:
Autoabgase, Flugzeugkerosin,
Rauch aus Kaminen,
verarbeitet ihn
im Wege der Photosynthese
zu Sauerstoff,
strömt ihn aus,
damit wir atmen können,
nicht ersticken
an uns selber!

Der Wind

In den Laubwipfeln der Wälder
fühlt sich der Wind wohl.
Hier verweilt er eine Weile,
ehe er weiterweht,
die Wolken jagt,
eine Herde Schafe,
ihnen zum Wolf wird.

Das Echo

Wie du in den Wald hineinrufst,
so schallt es zurück.
Der Wald ist weder gut noch böse,
er ahmt nur deine Stimme nach,
verschluckt anstandshalber
die letzten Silben
deines Fluchs.

Herbstwald

Der Wald widerhallt
von den Schreien der Treiber
und den Schüssen der Jäger.
Auch die Eichen feuern
Schüsse ab: Eicheln.
Doch wen sie treffen,
der bleibt am Leben,
trägt lediglich eine
blutende Stirn davon –
und in der Manteltasche
eine Eichel
als Talisman,
die einzig nicht tötende
Patrone.

Der Unverwundbare

Wehrhaft die Fichtenwälder
mit ihren gegen den Himmel
gereckten Speerspitzen.
Wogegen wollen sie sich wehren,
wogegen sich auflehnen,
die an die Erde Gefesselten?
Gegen die Wolken,
die unbeeindruckt weiterziehn,
ihrer Selbstauflösung entgegen?
Gegen den Unsichtbaren,
Unverwundbaren,
dem selbst der Tod
zu gehorchen hat?
Er läßt sie gewähren,
die Wälder,
ein, zwei Jahrhunderte lang,
dann schickt er ihnen den Menschen,
der Baum fällt um Baum,
Häuser baut aus ihrem Holz,
Schiffe zimmert,
Wiegen, Särge, Galgen,
lauter nützliche Dinge,
die nichts mehr gemein haben
mit Fichtenwipfeln
gleich Speerspitzen.

Waldbrand

Hat einer eine glimmende
Zigarettenkippe weggeworfen?
Haben Kinder gezündelt?
Hat ein Blitz eingeschlagen
in eine Tannenspitze?
Trocknes Gras, dürres Gesträuch
ist in Flammen aufgegangen,
ist zu lodernden
Scheiterhaufen geworden
für die Tannen –
jede eine heilige Jeanne d'Arc,
eine Streiterin für die
bedrohten Artgenossen.

Mitleidlos

Oberhalb des Wurzelstocks
sägt er den Baum ab,
der Waldarbeiter,
ordnungsgemäß,
mitleidlos.
Es ist seine Aufgabe –
ebenso wie diejenige
des Bestatters,
wenn er den Baumsäger
in den Sarg verfrachten wird,
später,
ordnungsgemäß,
mitleidlos.

Der Holzfäller

Während er den Baum fällt,
geht es ihm durch den Sinn,
auch er werde gefällt werden
über kurz oder lang.
Der Baum habe wahrhaft
ein annehmbares Leben geführt,
bodenständig,
nichts anderem unterworfen
als dem Licht, dem Regen, dem Wind –
im Gegensatz zu ihm,
der Notwendigkeiten zu gehorchen habe,
die ihm ein Leben, ähnlich dem des Baums,
unmöglich machen.

Im gerodeten Wald

Auf einem Baumstumpf
habe ich mich niedergelassen
im gerodeten Wald.
Bald werden sie auch
den Wurzelstock entfernen,
und mit ihm meine Beine,
die jetzt einwachsen
in die Wurzeln.

Die Stare

Zur Errichtung einer Überlandleitung
haben sie eine Schneise
in den Wald geschlagen.
Nun versammeln sich auf den Drähten
die Stare, die bisher in den
laublosen Wipfeln der Bäume
ihren Abflug nach dem Süden
beratschlagt haben.
Summen ihnen die Drähte
eine Botschaft zu,
über welche die Bäume nicht verfügen,
von etwas Numinosem,
das die Stare ihre jahrtausendealte
Übung vergessen macht?

Was muss der Baum fühlen?

Was muß der Baum fühlen
– er bleibt ein fühlendes Wesen
auch nach dem Fällen! –,
wenn man ihn zu Sargbrettern schneidet,
ihn, der Zeit seines Daseins
Ausdruck der Kraft
und der Lebensfreude war?
Was muß das Holz fühlen
– auch dieses atmet noch
die Seele des Baums! –,
wenn man in den Sarg
das Lebloseste,
Seelenloseste auf Erden,
einen toten Menschenkörper,
bettet?

Brudermord

Wenn sie wieder einen Baum fällen,
denke ich an Kain und Abel,
an den biblischen Brudermord.
Sind nicht auch die Bäume
unsere Brüder!
Umarme nur einen von ihnen,
und du wirst ihre Bruderschaft
mit uns fühlen, wie du sie
niemals finden wirst
in der Umarmung
eines Menschen!

Beim Fällen des Walnussbaums

Die Säge frißt sich in den Stamm,
frißt sich in mein Denken,
das hineingewachsen ist
in den innersten Jahresring
des Walnußbaums,
in ihm Schutz gefunden hat
vor den Ablenkungen,
Abirrungen
des alltäglichen Lebens.

Das Schicksal der Bäume

Das Schicksal der Bäume,
wenn sie gefällt werden,
ungewiß.
Die einen erniedrigt man
zu Schlagbäumen,
die sich den Suchern der Freiheit
nicht auftun.
Die anderen erhöht man
zu Mastbäumen,
an denen man Segel setzt
zur Fahrt in die Freiheit.

Leere Stelle

Die Stelle,
an der sie den Baum
gefällt haben,
ist leer.
Ich aber sehe ihn,
den Baum,
immer noch deutlich
an der leeren Stelle.

In der Sägemühle

Bäume aus dem Gebirge,
die Isar hinuntergeflößt
bis zur Floßlände,
alsdann zur Sägemühle gefahren.
Dort endigt ihr Dasein
zwischen den gefräßigen
Zähnen der Säge.
Wenn diese stillsteht,
ist nichts mehr zu hören
von dem Stöhnen des gemarterten,
zu Brettern geschnittenen Holzes.

Zäune

Die Baumstämme hat man
zu Latten geschnitten,
die Latten aneinandergereiht zu Zäunen,
Was will man denn einzäunen?
Die eigene Angst, verlorenzugehen
irgendwo in der Weite,
die kaum mehr zu durchschauen ist –
so wie das Absehbare dahinter?

Der Vorwurf

Dem starren Blick des Astlochs
in der Bretterwand der Hütte,
in der ich Holzscheite staple,
versuche ich, Widerstand zu leisten,
aber ich muß die Augen schließen
vor dem Vorwurf, ich staple
Teile von Baumleichen.

Stapel

Die gefällten Bäume
hat man zu Stapeln aufgeschichtet –
wie die Toten im KZ,
ehe man Feuer an sie legte.

Soldatenspiele

Beim Soldatenspielen im Wald
haben wir gefangene »Feinde«
an einen Baumstamm gebunden
und mit Brennesseln ausgepeitscht.
Was für uns Kinder ein Spiel war,
haben wir später durchgeführt
auf Befehl, ohne zu zögern.

Weisse Handschuhe

Unsere Kinderhände
waren schwarz gefärbt
vom Saft der Holunderbeeren.
Das sah aus wie Blut.
Später haben sich einige von uns
tatsächlich die Hände blutig gemacht,
trugen mit Vorliebe
weiße Handschuhe.

Nur aus Versehen

Witiko aus dem Waldviertel,
mit einer Waldrose auf dem Schild
zog er in die Schlacht.
Bin ich nicht einer
von seinen Waldleuten,
die er befehligte,
bin wie durch ein Wunder
mit dem Leben davongekommen,
nur aus Versehen
in die Gegenwart verschlagen worden?

Chausseen, Chausseen

Peter Huchel

Auf Chausseen, endlosen Chausseen,
unter dem Schutz der Baumwipfel,
marschierten sie nach Osten,
Napoleons Armeen,
eroberungssüchtig, siegesgewiß.
Aber die Bäume –
wußten sie um die Verheerungen,
die unausweichlichen Niederlagen? –
ließen ihre Blätter fallen,
Tränen um die Soldaten,
blutige Tränen.

Der Galgenbaum

Der Baum auf dem Lagergelände
diente als Galgen.
Sieht der Besucher nicht
die zu Schlingen gedrehten Stricke
an den Ästen hängen?
Sieht er nicht die Gehenkten,
den Strick um den Hals,
im Baumwipfel baumeln?
Hört er nicht die Äste stöhnen
unter der Last der Toten?
Hört er ihn nicht seufzen, den Baum,
über das Unrecht, das man ihnen angetan hat,
den Menschen – und auch ihm selber?

Der Geruch

Menschenkörper, aufgestapelt
vor der Baracke wie Baumstämme,
wie diese dem Feuer übergeben.
Nicht unterscheidbar der Rauch
aus den Kaminen.
Aber der Geruch,
der Geruch nach verbranntem
Menschenfleisch!

Nützliche Gegenstände

Napf, Zuber, Bottich, Faß:
aus Holz, nützliche Gegenstände
für den täglichen Gebrauch.
Ach ja, auch den menschlichen Körper
hat man der Verwertung zugeführt,
wie es im Amtsdeutsch heißt,
hat aus seinen Resten
nützliche Gegenstände fabriziert:
Seife aus Knochen,
Lampenschirme aus Haut.

Massengrab

Über das Massengrab
haben sie Bäume gepflanzt,
die Mörder,
um zu vertuschen,
was darunter liegt.
Aber nicht verheimlichen
läßt sich ihre Schuld.
Die Bäume schreien sie
mit all ihren Blätterzungen
hinauf in die Lüfte.
Was sie aufdecken,
die Bäume,
preisgeben, anklagen,
in den Ohren müßte es ihnen klingen,
den Mördern,
Vertuschern,
Vergeßlichen,
Gleichgültigen!

Im Waldfriedhof

Mit ihren Wurzeln saugt die Lärche
dem Toten das Gedächtnis,
sollte noch ein Rest davon
vorhanden sein,
aus dem Beinschädel.
Sie speichert es in ihren Zweigen,
im Grün der Nadeln.
Erst im Herbst erlischt es,
endgültig,
wenn die Nadeln gelb werden
und abfallen.

Dichtergrab

Die Zypresse,
verhaftet der Erde
mit ihren Wurzeln,
der Grabengel,
mit seinen steinernen Flügeln
unfähig, sich zu erheben,
beide im Einvernehmen
mit ihrem Unvermögen,
ihrem Standort zu entfliehn,
staunend über den zuversichtlichen,
auferstehungsfreudigen Staub
unten in der Erde.

Habgierige Erde

Sehnsüchtig streckt der Baum
seine Äste dem Himmel entgegen,
so als wolle er Wurzel fassen in ihm
mit seinen Zweigen, als wolle er
Lügen strafen seine Wurzeln,
die ihn festhalten in der Erde,
dieser habgierigen Erde, die alles
in ihren Besitz zu bringen versucht,
alles, was nicht auffliegen kann
wie die Vögel, und auch diese
fallen ihr nach Höhenflügen
unabänderlich zum Raub.

Binsenweisheit

Nicht einmal die Bäume sind unsterblich.
Das ist eine Binsenweisheit.
Aber sie muß gesagt werden,
damit der unverständige Mensch
möglicherweise nachdenkt über seine
zerstörerischen Handlungsweisen
der Natur gegenüber,
aber auch gegenüber sich selbst.
Vielleicht aber wird doch einer
von den Bäumen die Menschheit überleben,
die nicht müde wird, sich selbst
die Lebensgrundlage zu entziehen,
indem sie Pflanzen und Tiere ausrottet.
Vielleicht wird doch ein Baum überleben,
ein Apfelbaum, würde ich mir wünschen,
und ich gebe mich der Hoffnung hin,
er werde nicht wie der biblische
zum Baum der Erkenntnis werden
in einem erneuerten Paradies,
und ich bete, es werde kein Wesen mehr
entstehen, menschenähnlich, vernunftbegabt,
das sich an einem Apfel Erkenntnis anißt,
wieder vertrieben wird und alle Misere
– wie in der Bibel beschrieben – wieder von vorne beginnt.

Wunschtraum

Wer erträumt es sich nicht,
in den Garten Eden
aufgenommen zu werden
nach dem Tod,
von den Früchten der Bäume
essen zu dürfen,
ohne ein heimtückisches Verbot
beachten zu müssen,
nicht der Versuchung zu erliegen,
es zu brechen wie weiland
unsere Stammeltern Adam und Eva,
nicht wie diese zur Vergeltung
aus ihrem sagenhaften Paradies
vertrieben zu werden,
wiederum,
nach unserer Vertreibung
von der Erde!

Ist es Sünde?

Zypressen: Finger,
die auf den Himmel zeigen,
auf den, der uns aus seinem
Paradies verstoßen hat.
Ist es Sünde,
vom Baum der Erkenntnis zu essen,
seine eigene Nacktheit zu erkennen?
Ist es Sünde,
die Blöße eines Gottes zu erkennen,
die er sich selber gab
in seiner Arglist, Rachsucht?

Neue Arche Noah

Wenn uns nichts mehr bleibt,
die Bäume bleiben uns,
hoffentlich,
eine neue Arche Noah zu zimmern,
mit der wir wenigstens unsere Hoffnung
auf ein Leben retten können,
das weiterzuführen
in dem verheißenen Paradies
wir nicht gezwungen sind.

Wach liegen, nachts

Wach liegen, nachts,
nachsinnen über das Alter,
die Zeit, die einem
noch verbleiben könnte.
Mit fast achtzig
rechnet man nicht mehr
nach Jahren,
eher schon nach Monaten,
Wochen, ja, Tagen.
Über jede Stunde,
über jede Minute
ist man dankbar,
in der man hinaushorchen darf
in die Nacht,
den Bäumen zuhören kann,
wie sie sich unterhalten
miteinander, ohne Angst,
obwohl sie als fühlende Wesen
damit rechnen müssen,
gefällt zu werden
von heut auf morgen.

Alte Frau

Auf dem Rücken trägt sie
einen Korb voll Tannenzapfen nach Hause,
die sie im Wald gesammelt hat.
Sie ergeben ein kurzes, heftiges Feuer,
an dem sie sitzen und sich wärmen kann.
Manchmal horcht sie auf,
als höre sie aus dem prasselnden Feuer
etwas Bedeutsames heraus,
das sie sich nicht erklären kann.

Adern wie Wurzeln

Das Wurzelgewirr des Baums
rund um den Stamm,
oberhalb des Bodens,
wie das Adergeflecht
auf dem Handrücken eines Mensehen.
Träger fließt das Blut
durch die Adern
im Alter,
trügerisches Blau,
das sich allmählich
ins Schwarze verfärbt,
stockt.

Altersweisheit

Man sagt, je älter man werde,
desto weiser werde man.
Trifft das auch auf Bäume zu?
Man sieht es ihnen nicht an.
Oder doch?
Unser achtzigjähriger Apfelbaum
besitzt nur noch einen einzigen,
halbdürren Ast mit zwei, drei Zweigen,
die übersät sind mit Blüten.
Zeigt das nicht Lebensmut,
Furchtlosigkeit vor dem Absterben,
Altersweisheit!

Alter Mann

Längst ist er von der
Kraft gekommen,
der alte Mann,
ist nur mehr ein Schatten
seiner selbst.
Jetzt verläßt er das Haus,
schlurft die Allee entlang
unter noch älteren Bäumen,
in deren Schatten er aufgeht,
unbemerkt, lautlos.

Inhalt